Pr l'examen CompTIA Network +

L'itération actuelle et active de l'examen Network + est codée N10-007. Il a été lancé en mars 2018 et devrait prendre sa retraite environ 3 ans après sa date de sortie.

L'examen de certification Network + est un test sur ordinateur unique composé de 90 questions. En plus des questions à choix multiples régulières (réponses uniques et multiples), l'examen N10-007 comprend des questions basées sur les performances (PBQ) obligeant les candidats à résoudre des problèmes dans un environnement informatique simulé.

L'examen N10-007 a une limite de temps de 90 minutes et une note de passage minimale de 720 sur une échelle de 100 à 900. Les résultats de l'examen sont disponibles immédiatement après avoir terminé le test. Les conditions préalables recommandées pour l'examen Network + incluent la certification CompTIA A + et au moins 9 à

12 mois d'expérience en réseau. Une recommandation générale supplémentaire pour chaque examen fourni par CompTIA est que le candidat doit être âgé d'au moins 13 ans.

Réseau d'examen CompTIA + domaines d'examen de certification N10-007

Domaine et % du contenu de l'examen

1.0 Concepts de mise en réseau : **23%**

2.0 Infrastructure : **18%**

3.0 Opérations réseau : **17%**

4.0 Sécurité réseau : **20%**

5.0 Dépannage et outils réseau : **22%**

Total : 100%

Les objectifs de l'examen comprennent la pondération du domaine, les objectifs du test, ainsi que des exemples de sujets et de concepts pour une meilleure clarification du matériel couvert par l'examen proprement dit.

CompTIA examine constamment le contenu de ses examens de certification et met à jour les questions des tests pour s'assurer que les examens de certification restent à jour et que la sécurité des questions est protégée.

Les domaines de test de certification peuvent obtenir une mise à jour pendant qu'un examen donné reste actif, ce qui implique la révision des domaines existants, mais également l'inclusion de nouveaux sujets et concepts.

Politique de reprise d'examen

Il n'y a pas de période d'attente entre la première tentative échouée et la deuxième tentative, mais en cas d'échec à la deuxième tentative, il y a une période d'attente obligatoire d'au moins 14 jours entre chaque tentative consécutive après la deuxième tentative échouée. Chaque examen nécessite des frais distincts.

Réseau + Politique de renouvellement de certificat

À partir de 2011, les certifications A +, Network + et Security + obtiennent le suffixe + ce (formation continue) en raison des modifications apportées aux politiques de renouvellement des certificats introduites par CompTIA. Les nouvelles certifications (avec le suffixe + ce) doivent être renouvelées tous les trois ans, contrairement aux anciennes certifications (à vie) disponibles jusqu'à la fin de 2010.

Les certificats expirés peuvent être renouvelés soit en reprenant la nouvelle version du même examen, certifcation CompTIA de niveau supérieur, ou en remplissant des unités du programme de formation continue offert par CompTIA.

CompTIA Network + N10-007 Tests pratiques par sujet d'examen

CompTIA Network + Exam N10-007 Quiz sur les protocoles réseau

1) Quel est le nom d'un protocole de couche réseau qui spécifie le format des paquets et le schéma d'adressage dans les communications réseau?

A. UDP

B. IP

C. TCP

D. NetBIOS

2) Le protocole TCP (Transmission Control Protocol) est un exemple de protocole sans connexion. Parce que TCP ne prend pas en charge la négociation à trois voies lors de l'établissement d'une connexion réseau, il est appelé protocole peu fiable ou au mieux.

    A. Vrai

    B. Faux

3) Le protocole UDP (User Datagram Protocol) est un protocole orienté connexion utilisant une prise de contact à trois voies qui est un ensemble d'étapes initiales requises pour établir une connexion réseau. UDP prend en charge la retransmission des paquets perdus, le contrôle de flux (gestion de la quantité de données envoyées) et le séquençage (réorganisation des paquets arrivés en panne).

A. Vrai

B. Faux

4) Laquelle des réponses suivantes fait référence à un protocole utilisé par les routeurs, les hôtes et les périphériques réseau pour générer des messages d'erreur et résoudre les problèmes de livraison des paquets IP?

A. CCMP

B. RSTP

C. ICMP

D. SNMP

5) Laquelle des réponses ci-dessous fait référence à un protocole utilisé pour gérer les services VoIP et VTC?

A. SMB

B. H.323

C. SCP

D. IGP

6) Laquelle des réponses suivantes fait référence à un protocole d'accès à l'annuaire basé sur SSL / TLS?

A. H.323

B. PPTP

C. Kerberos

D. LDAPS

7) LDAP est un exemple de:

A. Protocole d'authentification

B. Protocole de résolution d'adresse

C. Protocole d'accès à l'annuaire

D. Protocole d'échange de fichiers

8) Laquelle des réponses ci-dessous se réfère à IMAP4?

(Sélectionnez 2 réponses)

A. Offre des fonctionnalités améliorées par rapport à POP3

B. Sert la même fonction que POP3

C. Permet d'envoyer des e-mails depuis les appareils clients

D. Offre moins de fonctions que POP3

E. Permet l'échange d'e-mails entre les serveurs de messagerie

9) POP3 est utilisé pour:

A. Résolution du nom

B. Envoi d'e-mails

C. Échange de fichiers

D. Récupération des e-mails

10) Quelles sont les caractéristiques du SMB / CIFS?

(Sélectionnez 2 réponses)

A. Utilisé principalement par les ordinateurs exécutant des distributions Linux

B. Fournit un accès partagé aux fichiers, répertoires et périphériques

C. Utilisé principalement par les ordinateurs exécutant les systèmes d'exploitation Microsoft Windows

D. Permet des communications vocales et multimédias sur des réseaux IP

11) Laquelle des réponses suivantes fait référence à un protocole utilisé pour gérer des sessions en temps réel qui incluent la voix, la vidéo, le partage d'applications ou les services de messagerie instantanée?

A. L2TP

B. BGP

C. RSTP

D. SIP

12) Laquelle des réponses ci-dessous fait référence à un protocole réseau utilisé pour synchroniser les horloges sur un réseau informatique?

A. NTP

B. VTP

C. NNTP

D. RTP

13) Un protocole d'accès à distance propriétaire de Microsoft offrant à un utilisateur une interface graphique pour se connecter à un autre ordinateur via un réseau est connu sous le nom de:

A. RDP

B. SSH

C. VNC

D. Telnet

14) Un type de protocole utilisé dans les systèmes de gestion de réseau pour surveiller les périphériques connectés au réseau est appelé:

A. SMB

B. NTP

C. SNMP

D. RDP

15) Quel est le nom d'un protocole réseau qui sécurise le trafic Web via le cryptage SSL / TLS?

A. SFTP

HTTPS

C. FTPS

D. SNMP

16) Quel protocole permet de récupérer le contenu d'une page Internet à partir d'un serveur Web?

A. SNMP

B. HTTP

C. SMTP

D. IMAP

17) Un protocole réseau fournissant une solution alternative à l'attribution manuelle d'adresses IP est connu sous le nom de:

A. DNS

B. SNMP

C. NAT

D. DHCP

18) Telnet: (Sélectionnez 3 réponses)

A. Chiffre la connexion réseau

B. Fournit l'authentification du nom d'utilisateur et du mot de passe

C. Transmet les données sous une forme non cryptée

D. Ne fournit pas d'authentification

E. Permet la connexion à distance et l'exécution de commandes

19) Quelles sont les caractéristiques du TFTP?

(Sélectionnez 2 réponses)

A. Ne fournit aucune fonction de sécurité

B. Généralement utilisé pour échanger des fichiers sur Internet

C. Une forme très basique de protocole de partage de fichiers

D. Fournit l'authentification et le cryptage

E. Protocole d'accès à l'annuaire

20) Quelle est la fonction du FTP?

A. Services de courrier

B. Service de pages Web

C. Accès à l'annuaire

D. Échange de fichiers

21) Un protocole réseau qui permet un transfert de fichiers sécurisé via Secure Shell (SSH) est appelé:

A. TFTP

B. SFTP

C. Telnet

D. FTPS

22) Le protocole SMTP est utilisé pour:

(Sélectionnez 2 réponses)

A. Envoi d'e-mails entre serveurs de messagerie (manqué)

B. Résolution du nom

C. Service des pages Web

D. Récupération des e-mails des serveurs de messagerie

E. Envoi d'e-mails depuis un appareil client (manqué)

23) Laquelle des réponses suivantes fait référence à un système contenant des mappages de noms de domaine à différents types de données, telles que des adresses IP numériques?

A. TCP / IP

B. DNS

C. SQL

D. DHCP

24) Laquelle des réponses ci-dessous fait référence à un remplacement sécurisé de Telnet?

A. CHAP

B. FTP

C. SNMP

D. SSH

25) Un type de protocole de réseau cryptographique pour la communication sécurisée de données, la connexion à distance en ligne de commande, l'exécution de commandes à distance et d'autres services réseau sécurisés entre deux ordinateurs en réseau est connu sous le nom de:

A. TFTP

B. SSH

C. Telnet

D. RDP

26) Le protocole CSMA (Carrier Sense Multiple Access) a pour but de vérifier l'absence d'autres trafics sur un support partagé avant la transmission afin d'éviter les collisions et les pertes de données.

    A. Vrai
    B. Faux

27) Lequel des protocoles suivants offre une protection contre les boucles de commutation?

(Sélectionnez 2 réponses)

A. RTP

B. SRTP

C. RDP

D. STP

E. RSTP

28) Laquelle des réponses ci-dessous fait référence à un type de protocole de routage qui détermine la meilleure route pour les paquets de données en fonction du plus petit nombre de sauts?

A. Hybride

B. État de liaison

C. Vecteur de distance

D. Dynamique

29) Un type de protocole de routage qui calcule le meilleur chemin entre les nœuds source et de destination sur la base d'une carte de connectivité réseau entre les nœuds est appelé:

A. Dynamique

B. État de liaison

C. Statique

D. Vecteur de distance

30) Un protocole de routage hybride combine les caractéristiques des protocoles de routage à vecteur de distance et à état de liaison.

    A. Vrai

    B. Faux

31) Exemples de protocoles de routage à vecteur de distance:

(Sélectionnez 2 réponses)

A. EGP

B. OSPF

C. RIP

D. EIGRP

E. BGP

32) Laquelle des réponses suivantes fait référence à un protocole de routage à état de liaison?

A. BGP

B. EIGRP

C. RIP

D. OSPF

33) Le Border Gateway Protocol (BGP) entre dans la catégorie:

A. Protocoles de routage hybrides

B. Protocoles de routage à état de liaison

C. Protocoles de routage à vecteur de distance

D. Protocoles de routage statique

34) Un protocole IPv6 remplissant la fonction du protocole de résolution d'adresse (ARP) d'IPv4 est appelé:

A. PCN

B. NPD

C. NTP

D. NDR

35) Quel protocole IPv6 est utilisé par les hôtes en réseau pour déterminer l'adresse de couche liaison des nœuds adjacents?

A. NTP

B. NDR

C. NCP

D. NPD

36) Un protocole IPv6 utilisé par les routeurs pour annoncer leur présence sur un réseau est appelé:

A. NDR

B. PCN

C. NPD

D. NTP

37) Lequel des protocoles IPv6 répertoriés ci-dessous est utilisé par les nœuds en réseau pour localiser les routeurs?

A. NDP

B. NTP

C. NDR

D. NCP

38) Le protocole de configuration d'hôte dynamique version 6 (DHCPv6) est l'équivalent IPv6 du protocole de configuration d'hôte dynamique (DHCP) pour IPv4.

    A. Vrai
    B. Faux

39) Laquelle des réponses ci-dessous fait référence au PPP?

(Sélectionnez tout ce qui s'y rapporte)

A. Protocole réseau utilisé pour connecter des périphériques sur un WAN

B. Protocole de couche transport (couche 4)

C. Permet l'encapsulation du trafic IP

D. Utilisé pour établir une connexion directe entre deux appareils en réseau

E. Couche d'application (protocole de couche 7)

40) Quel protocole réseau permet l'encapsulation de trames PPP dans des trames 802.3?

A. FCoE

B. PPPoE

C. PAE

D. IPsec

41) Quel protocole réseau permet de détecter la perte de paquets?

A. SMB

B. ICMP

C. ARP

D. SNTP

42) Exemples de protocoles utilisés pour la mise en œuvre de tunnels VPN sécurisés:

(Sélectionnez 3 réponses)

A. DTLS

B. bcrypt

C. SCP

D. IPsec

E. SSL / TLS

43) Lequel des protocoles suivants permet un accès distant sécurisé à un autre ordinateur du réseau via la ligne de commande?

A. VNC

B. Telnet

C. SSH

D. RDP

44) Une alternative non propriétaire au RDP qui permet de contrôler un autre ordinateur sur le réseau à l'aide d'une interface utilisateur graphique est appelée:

A. VTP

B. VRF

C. VTC

D. VNC

45) Lequel des protocoles répertoriés ci-dessous permet d'accéder à distance à un autre ordinateur du réseau via un navigateur Web?

A. RDP

B. HTTPS

C. SSH

D. VNC

46) Lequel des protocoles d'accès aux fichiers à distance suivants n'offre pas de cryptage?

(Sélectionnez 2 réponses)

A. FTP

B. FTPS

C. SCP

D. SFTP

E. TFTP

47) Un protocole réseau qui permet un transfert de fichiers sécurisé via SSL est appelé:

A. TFTP

B. SCP

C. FTPS

D. SFTP

48) Laquelle des réponses ci-dessous fait référence à un protocole d'authentification réseau qui fournit la fonctionnalité d'authentification unique?

A. RAYON

B. MS-CHAP

C. Kerberos

D. TACACS +

49) Un protocole de sécurité conçu pour renforcer les implémentations WEP existantes sans nécessiter le remplacement du matériel hérité est appelé:

A. PEAP

B. TKIP

C. CCMP

D. WPA2

50) Laquelle des réponses suivantes fait référence à un protocole réseau utilisé dans les types d'attaques d'usurpation d'identité les plus courants?

A. SMTP

B. RDP

C. SNMP

D. Telnet

Réponses :

1) B

2) B

3) B

4) C

5) B

6) D

7) C

8) A, B

9) D

10) B, C

11) D

12) A

13) A

14) C

15) B

16) B

17) D

18) B, C, E

19) A, C

20) D

21) B

22) A, E

23) B

24) D

25) B

26) A

27) D, E

28) C

29) B

30) A

31) C, D

32) D

33) A

34) B

35) D

36) C

37) A

38) A

39) A, C, D

40) B

41) B

42) A, D, E

43) C

44) D

45) B

46) A, E

47) C

48) C

49) B

50) A

Réseau CompTIA + examen N10-007 Quiz sur les ports TCP et UDP

1) Le port TCP 1720 est utilisé par:

A. H.323

B. SMB

C. LDAPS

D. SNMP

2) Un administrateur réseau souhaite sécuriser l'accès existant à un service d'annuaire avec le cryptage SSL / TLS. Lequel des ports TCP suivants doit être ouvert pour implémenter cette modification?

A. 636

B. 389

C. 443

D. 1720

3) Le port TCP 389 est le port réseau par défaut pour:

A. RDP

B. LDAP

C. SMB

D. LDAPS

4) Lequel des numéros de port TCP répertoriés ci-dessous est attribué au protocole Internet Message Access Protocol (IMAP)?

A. 143

B. 389

C. 443

D. 636

5) Le protocole Post Office Protocol v3 (POP3) utilise:

A. Port TCP 110

B. Port UDP 123

C. Port TCP 143

D. Port UDP 161

6) Lequel des protocoles suivants s'exécute sur le port TCP 445?

A. HTTPS

B. SMB / CIFS

C. IMAP

D. H.323

7) Lesquels des ports répertoriés ci-dessous sont affectés au protocole d'ouverture de session (SIP)?

(Sélectionnez 2 réponses)

A. Port UDP 67

B. Port TCP 5060

C. Port TCP 389

D. Port UDP 68

E. Port TCP 5061

F. Port TCP 3389

8) Le protocole NTP (Network Time Protocol) s'exécute sur le port UDP:

A. 123

B. 110

C. 161

D. 137

9) Un technicien réseau utilise le client RDP (Remote Desktop Protocol) sur son système d'exploitation Windows pour résoudre à distance un problème sur une autre machine Windows. Lequel des ports suivants doit être ouvert pour que le serveur Windows RDP intégré autorise ce type de connexion réseau?

A. Port TCP 1720

B. Port TCP 636

C. Port TCP 3389

D. Port TCP 445

10) SNMP s'exécute sur le port UDP:

A. 123

B. 137

C. 143

D. 161

11) Lequel des ports suivants est utilisé par HTTPS?

A. Port TCP 80

B. Port TCP 443

C. Port UDP 53

D. Port TCP 143

12) Le port TCP 80 est affecté à:

A. Protocole de transfert hypertexte (HTTP)

B. Protocole de transfert hypertexte sur TLS / SSL (HTTPS)

C. Protocole d'accès aux messages Internet (IMAP)

D. LDAP (Lightweight Directory Access Protocol)

13) Le protocole DHCP (Dynamic Host Configuration Protocol) fonctionne sur:

(Sélectionnez 2 réponses)

A. Port UDP 53

Port UDP 67

C. Port UDP 68

D. Port UDP 69

E. Port UDP 161

14) Lequel des ports TCP répertoriés ci-dessous est utilisé par Telnet?

A. 20

B. 21

C. 22

D. 23

15) Le port UDP 69 est affecté à:

A. TFTP

B. SNMP

C. DHCP

D. LDAP

16) Quel port permet la connexion de données FTP pour envoyer des données de fichier?

A. Port UDP 20

B. Port TCP 20

C. Port UDP 21

D. Port TCP 21

17) La connexion de contrôle FTP (File Transfer Protocol) pour l'administration d'une session est établie via:

A. Port TCP 20

B. Port UDP 20

C. Port TCP 21

D. Port UDP 21

18) Le déblocage du port TCP 22 permet quel type de trafic?

(Sélectionnez 2 réponses)

A. FTPS

B. SSH

C. SFTP

D. FTP

E. HTTP

19) Le protocole SFTP (Secure File Transfer Protocol) est une extension du protocole Secure Shell (SSH) et s'exécute par défaut sur le port TCP 22.

    A. Vrai
    B. Faux

20) Le port TCP 25 est utilisé par:

A. SNMP

B. Telnet

C. FTP

D. SMTP

21) Lequel des ports UDP suivants est attribué au DNS (Domain Name System)?

A. 53

B. 67

C. 110

D. 389

22) Le protocole Secure Shell (SSH) fonctionne sur:

A. Port TCP 21

B. Port UDP 22

C. Port TCP 20

D. Port TCP 22

Réponses :

1) A

2) A

3) B

4) A

5) A

6) B

7) B, E

8) A

9) C

10) D

11) B

12) A

13) B, C

14) D

15) A

16) B

17) C

18) B, C

19) A

20) D

21) A

22) D

CompTIA Network + Exam N10-007 Quiz OSI Layers

1) Le modèle d'interconnexion des systèmes ouverts (OSI) comprend:

A. 7 couches

B. 3 couches

C. 9 couches

D. 5 couches

2) La couche physique du modèle OSI est également connue sous le nom de:

A. Couche 2

B. Couche 7

C. Couche 1

D. Couche 4

3) Lequel des protocoles suivants réside dans la couche application du modèle OSI?

(Sélectionnez 3 réponses)

A. ATM

B. HTTP

C. FTP

D. IP

E. SMTP

TCP / UDP

4) Lequel des termes énumérés ci-dessous fait référence à la couche réseau OSI?

A. Couche 2

B. Couche 5

C. Couche 3

D. Couche 4

5) La couche 6 du modèle OSI est également appelée:

A. Couche d'application

B. Couche de présentation

C. Couche de session

D. Couche de transport

6) Dans le modèle OSI, l'adressage physique a lieu au niveau:

A. Couche liaison de données

B. Couche 4

C. Couche physique

D. Couche de session

7) La couche 7 OSI est également connue sous le nom de:

A. Couche d'application

B. Couche de session

C. Couche de présentation

D. Couche de transport

8) Lequel des éléments suivants réside dans la couche physique du modèle OSI?

(Sélectionnez 2 réponses)

A. Routeur

B. Hub

C. Commutateur

D. Câblage réseau

E. Pont

9) L'encodage des caractères, la compression des données et le chiffrement / déchiffrement ont lieu à:

A. Couche d'application du modèle OSI

B. Couche de présentation du modèle OSI

C. Couche session du modèle OSI

D. Couche de transport du modèle OSI

10) Quelle couche OSI assume la responsabilité de la gestion des connexions réseau entre les applications?

A. Couche réseau

B. Couche de liaison de données

C. Couche d'application

D. Couche de session

11) La couche 4 du modèle OSI est également connue sous le nom de:

A. Couche transport

B. Couche réseau

C. Couche liaison de données

D. Couche de session

12) Le terme «couche de présentation» fait référence à:

A. Couche 7 du modèle OSI

B. Couche 5 du modèle OSI

C. Couche 6 du modèle OSI

D. Couche 4 du modèle OSI

13) Quel est le nom d'une unité de données utilisée au niveau de la couche physique OSI?

A. Un cadre

B. Segment

C. Bit

D. Paquet

14) Dans le modèle OSI, les sous-couches Media Access Control (MAC) et Logical Link Control (LLC) sont les composants de:

A. Couche de session

B. Couche de liaison de données

C. Couche de transport

D. Couche réseau

15) La couche 2 du modèle OSI est également appelée:

A. Couche transport

B. Couche réseau

C. Couche liaison de données

D. Couche physique

16) Le protocole UDP (User Datagram Protocol) réside à:

(Sélectionnez 2 réponses)

A. Couche transport

B. Couche 3

C. Couche 4

D. Couche réseau

E. Couche 6

F. Couche liaison de données

17) Quelle couche OSI est responsable de la décomposition des données en segments?

A. Couche réseau

B. Couche transport

C. Couche de présentation

D. Couche liaison de données

18) La couche transport réside entre quelles deux autres couches du modèle OSI?

A. Réseau et session

B. Présentation et application

C. Physique et réseau

D. Liaison physique et données

19) Les routeurs fonctionnent à:

(Sélectionnez 2 réponses)

A. Couche physique du modèle OSI

B. Couche d'application du modèle OSI

C. Couche 3 du modèle OSI

D. Couche réseau du modèle OSI

E. Couche 5 du modèle OSI

20) La couche 5 du modèle OSI est également connue sous le nom de:

A. Couche de session

B. Couche d'application

C. Couche de transport

D. Couche de présentation

21) Dans le modèle OSI, la couche session est également appelée:

A. Couche 4

B. Couche 6

C. Couche 5

D. Couche 3

22) À laquelle des couches OSI l'adressage IP a-t-il lieu?

A. Couche 3

B. Couche 1

C. Couche 4

D. Couche 6

Réponses:

1) A

2) C

3) B, C, E

4) C

5) B

6) A

7) A

8) B, D

9) B

10) D

11) A

12) C

13) C

14) B

15) C

16) A, C

17) B

18) A

19) C, D

20) A

21) C

22) A

Réseau CompTIA + examen N10-007 Quiz sur le routage et la commutation

1) Quel appareil améliore les performances du réseau en divisant un segment de réseau donné en domaines de collision distincts?

A. Hub

B. Répéteur

C. Commutateur

D. Routeur

2) Lequel des appareils répertoriés ci-dessous est utilisé pour séparer les domaines de diffusion?

A. Routeur

B. Commutateur

C. Répéteur

D. Hub

3) Lequel des éléments suivants permet à un administrateur d'inspecter le trafic passant par un commutateur réseau?

A. Mise en miroir des ports

B. Balisage VLAN

C. Mode tolérant aux pannes

D. Analyse des ports

4) Lequel des protocoles répertoriés ci-dessous offre une protection contre les boucles de commutation?

(Sélectionnez 2 réponses)

A. RTP

B. SRTP

C. RDP

D. STP

E. RSTP

5) Un commutateur Ethernet transfère le trafic LAN des appareils connectés en fonction des informations stockées dans:

A. Table DNS

B. Table de routage

C. Table d'adresses MAC

D. Firmware

6) Une table de commutation Ethernet contenant des mappages d'adresses IP à MAC est connue sous le nom de:

A. Table ARP

B. Table de routage

C. Table d'adresses MAC

D. Table DNS

7) Laquelle des réponses suivantes fait référence à un type de protocole de routage qui détermine la meilleure route pour les paquets de données en fonction du plus petit nombre de sauts?

A. Hybride

B. État de liaison

C. Vecteur de distance

D. Dynamique

8) Un type de protocole de routage qui calcule le meilleur chemin entre les nœuds source et de destination sur la base d'une carte de connectivité réseau entre les nœuds est appelé:

A. Dynamique

B. État de liaison

C. Statique

D. Vecteur de distance

9) Un protocole de routage hybride combine les caractéristiques des protocoles de routage à vecteur de distance et à état de liaison.

    A. Vrai
    B. Faux

10) Une entrée de table de routage configurée manuellement est appelée:

A. Route statique

B. Itinéraire dynamique

C. Route hybride

D. Route par défaut

11) Le terme "route par défaut" fait référence à un chemin de réseau "de dernier recours" utilisé par un routeur pour transmettre tous les paquets avec des adresses de destination non répertoriées dans sa table de routage.

    A. Vrai
    B. Faux

12) Exemples de protocoles de routage à vecteur de distance:

(Sélectionnez 2 réponses)

A. EGP

B. OSPF

C. RIP

D. EIGRP

E. BGP

13) Laquelle des réponses ci-dessous fait référence à un protocole de routage à état de liaison?

A. BGP

B. EIGRP

C. RIP

D. OSPF

14) Le Border Gateway Protocol (BGP) entre dans la catégorie:

A. Protocoles de routage hybrides

B. Protocoles de routage à état de liaison

C. Protocoles de routage à vecteur de distance

D. Protocoles de routage statique

15) Un canal de communication dédié utilisé exclusivement entre deux hôtes connectés est une caractéristique des réseaux à commutation de paquets.

    A. Vrai
    B. Faux

16) Les réseaux à commutation de circuits déplacent les données divisées en petits blocs sur une connexion partagée.

    A. Vrai
    B. Faux

17) Un dispositif conçu pour filtrer et transférer des paquets de données entre des types de réseaux informatiques différents est appelé:

A. Hub

B. Équilibreur de charge

C. Routeur

D. Commutateur

18) Laquelle des réponses suivantes fait référence à un dispositif de couche liaison de données (couche deux) conçu pour transmettre des trames entre des segments de réseau?

A. Hub

B. Commutateur

C. Pare-feu

D. Routeur

19) Laquelle des réponses ci-dessous décrit les caractéristiques d'un pont réseau?

(Sélectionnez 3 réponses)

A. Prend des décisions de transfert en matériel (ASIC)

B. Type de périphérique réseau plus récent et plus efficace par rapport au commutateur réseau

C. Généralement capable de connecter plus de segments de réseau que de commutateur (plus de ports physiques)

D. Prend des décisions de transfert dans le logiciel

E. Généralement capable de connecter moins de segments de réseau que de commutateur (moins de ports physiques)

F. Type de périphérique réseau plus ancien et moins efficace par rapport au commutateur réseau

20) Quels sont les traits caractéristiques d'un commutateur réseau?

(Sélectionnez tout ce qui s'y rapporte)

A. Prend des décisions de transfert dans le matériel (ASIC)

B. Généralement capable de connecter plus de segments de réseau que de pont (plus de ports physiques)

C. Type de périphérique réseau plus ancien et moins efficace par rapport au pont réseau

D. prend des décisions de transfert dans le logiciel

E. Parfois appelé pont multiport

F. Type de périphérique réseau plus récent et plus efficace par rapport au pont réseau

G. Généralement capable de connecter moins de segments de réseau que de pont (moins de ports physiques)

Bonne réponse: A, B, E, F

21) Un type de commutateur réseau de couche 2 avec des fonctionnalités de configuration qui peuvent être modifiées via une interface utilisateur est appelé:

A. Commutateur virtuel

B. Commutateur multicouche

C. Commutateur PoE

D. Commutateur géré

22) Un dispositif de réseau qui, outre la fonction d'un commutateur de réseau ordinaire, peut également fournir des fonctions supplémentaires à des niveaux supérieurs du modèle de référence OSI, est appelé commutateur multicouche.

A. Vrai
B. Faux

Réponses:

1) C

2) A

3) A

4) D, E

5) C

6) A

7) C

8) B

9) A

10) A

11) A

12) C, D

13) D

14) A

15) B

16) B

17) C

18) B

19) D, E , F

20) A, B, E, F

21) D

22) A

Test d'adressage IP CompTIA Network + Exam N10-007

1) Une adresse IPv4 comprend:

A. 32 bits

B. 48 bits

C. 64 bits

D. 128 bits

2) Les adresses IPv4 sont exprimées en utilisant:

A. Nombres octogonaux

B. Nombres binaires

C. Nombres hexadécimaux

D. Nombres décimaux

3) Laquelle des réponses ci-dessous fait référence à une adresse de bouclage IPv4?

A. :: 1

B. FE80 :: / 10

C. 0: 0: 0: 0: 0: 0: 0: 1

D. 169.254 / 16

E. 127.0.0.1

4) Une adresse IPv6 comprend:

A. 32 bits

B. 48 bits

C. 64 bits

D. 128 bits

5) Les adresses IPv6 sont exprimées en utilisant:

A. Nombres octogonaux

B. Nombres binaires

C. Nombres hexadécimaux

D. Nombres décimaux

6) Un double signe deux-points dans une adresse IPv6 indique qu'une partie de l'adresse contenant uniquement des zéros a été compressée pour raccourcir l'adresse.

A. Vrai

B. Faux

7) **Laquelle des réponses suivantes fait référence aux adresses de bouclage IPv6?**

(Sélectionnez 2 réponses)

A. 127.0.0.1

B. 0: 0: 0: 0: 0: 0: 0: 1

C. 169.254 / 16

D. :: 1

E. FE80 :: / 10

8) **Une adresse de liaison locale IPv6 est équivalente à IPv4:**

A. Adresse APIPA

B. Adresse IP routable

C. Adresse IP publique

Adresse MAC

9) Laquelle des réponses répertoriées ci-dessous fait référence à une adresse de liaison locale IPv6?

A. 2002 :: / 16

B. FE80 :: / 10

C. 2001 :: / 32

D. :: 1/128

10) Laquelle des réponses suivantes répertorie une adresse valide de FE80: 00A7: 0000: 0000: 02AA: 0000: 4C00: FE9A après compression?

A. FE80: 00A7 :: 2AA: 0: 4C: FE9A

B. FE80: A7 :: 2AA :: 4C00: FE9A

C. FE80: 00A7 :: 2AA: 0: 4C00: FE9A

D. FE80: A7 :: 2AA: 0: 4C00: FE9A

11) Un mécanisme de transition IPv4 vers IPv6 limité qui permet l'encapsulation de paquets IPv6 dans des paquets IPv4 transmis sur des réseaux IPv4 est connu comme:

A. 6to4

B. 802.3af

C. eDiscovery

D. Miredo

12) Un mécanisme de transition IPv4 vers IPv6 avec prise en charge native de la traduction d'adresses réseau (NAT) est appelé:

A. 6to4

B. Teredo

C. eDiscovery

D. Miredo

13) Le terme «IP à double pile» fait référence à une solution qui repose sur l'implémentation de piles de protocoles IPv4 et IPv6 sur divers périphériques réseau pour faciliter la migration transparente d'IPv4 vers IPv6.

A. Vrai
B. Faux

14) Laquelle des réponses ci-dessous fait référence aux caractéristiques de l'espace d'adressage IPv4 10.0.0.0 - 10.255.255.255 (10.0.0.0/8)?

(Sélectionnez 2 réponses)

A. Gamme de classe A

B. Plage d'adresses IP publiques

C. Gamme de classe B

D. Plage d'adresses IP non routables (privées)

E. Gamme de classe C

15) Laquelle des réponses suivantes fait référence à l'espace d'adressage IPv4 172.16.0.0 - 172.31.255.255 (172.16.0.0/12)?

(Sélectionnez 2 réponses)

A. Gamme de classe A

B. Plage d'adresses IP publiques

C. Gamme de classe B

D. Plage d'adresses IP non routables (privées)

E. Gamme de classe C

16) Quelles sont les caractéristiques de l'espace d'adressage IPv4 192.168.0.0 - 192.168.255.255 (192.0.0.0/24)?

(Sélectionnez 2 réponses)

A. Gamme de classe A

B.Plage d'adresses IP publiques

C. Gamme de classe B

D. Plage d'adresses IP non routables (privées)

E. Gamme de classe C

17) Laquelle des réponses ci-dessous fait référence à une plage d'adresses IPv4 utilisée pour les adresses de bouclage?

A. 0.0.0.0 - 0.255.255.255 (0.0.0.0/8)

B. 127.0.0.0 - 127.255.255.255 (127.0.0.0/8)

C. 169.254.0.0 - 169.254.255.255 (169.254.0.0/16)

D. 240.0.0.0 - 255.255.255.254 (240.0.0.0/4)

18) Laquelle des réponses suivantes fait référence à une plage d'adresses IPv4 réservée pour une utilisation future?

A. 10.0.0.0 - 10.255.255.255 (10.0.0.0/8)

B. 172.16.0.0 - 172.31.255.255 (172.16.0.0/12)

C. 192.168.0.0 - 192.168.255.255 (192.0.0.0/24)

D. 240.0.0.0 - 255.255.255.254 (240.0.0.0/4)

19) Une adresse IP qui ne correspond à aucune interface réseau physique réelle est appelée adresse IP virtuelle (VIP / VIPA).

    A. Vrai

    B. Faux

20) Qu'est-ce qui permet de déterminer à quel segment de réseau appartient une adresse IP?

A. Adresse physique

B. Protocole de configuration d'hôte dynamique (DHCP)

C. Protocole de résolution d'adresse (ARP)

D. Masque de sous-réseau

21) Dans l'adressage IPv4, l'octet de tête d'une adresse IP avec une valeur de 1 à 126 indique que l'adresse IP dans cette plage appartient à:

A. Espace d'adressage de classe A

B. Espace d'adressage de classe B

C. Espace d'adressage de classe C

D. Espace d'adressage de classe D

22) Dans l'adressage IPv4, l'octet de tête d'une adresse IP avec une valeur de 192 à 223 indique que l'adresse IP dans cette plage appartient à:

A. Espace d'adressage de classe A

B. Espace d'adressage de classe B

C. Espace d'adressage de classe C

D. Espace d'adressage de classe D

Réponses:

1) A

2) D

3) E

4) D

5) C

6) A

7) B, D

8) A

9) B

10) D

11) A

12) B

13) A

14) A, D

15) C, D

16) D, E

17) B

18) D

19) A

20) D

21) A

22) C

CompTIA Network + Exam N10-007 Subnetting Quiz

1) Quelle est la dernière adresse IP hôte utilisable pour le réseau 172.45.120.0/23?

A. 172.45.120.254

B. 172.45.121.254

C. 172.45.122.254

D. 172.45.123.254

2) Combien d'adresses IP utilisables peuvent être attribuées à des hôtes sur un sous-réseau / 26?

A. 254

B. 126

C. 62

D. 30

3) Quelle est la représentation décimale d'un masque de sous-réseau / 13?

A. 255.240.0.0

B. 255.248.0.0

C. 255.252.0.0

D. 255.254.0.0

4) Quel est le nombre maximal de sous-réseaux et d'hôtes par sous-réseau pour le réseau 192.168.50.247 255.255.255.224?

A. 2 sous-réseaux, 126 hôtes par sous-réseau

B. 4 sous-réseaux, 62 hôtes par sous-réseau

C. 8 sous-réseaux, 30 hôtes par sous-réseau

D. 16 sous-réseaux, 14 hôtes par sous-réseau

5) Laquelle des réponses suivantes répertorie la notation décimale du nombre binaire 11100000?

A. 192

B. 224

C. 240

D. 248

6) Quelle est la première adresse IP hôte utilisable sur le réseau 172.26.56.110/27?

A. 172.26.56.97

B. 172.26.56.111

C. 172.26.56.126

D. 172.26.56.127

7) **Laquelle des réponses suivantes énumère la notation binaire du nombre décimal 252?**

A. 11110010

B. 11111000

C. 11111010

D. 11111100

8) **Quel est le nombre maximum d'hôtes par sous-réseau pour le réseau 10.47.255.1/20?**

A. 512 hôtes

B. 1022 hôtes

C. Hôtes 2046

D. Hôtes 4094

9) Quelle est la plage valide maximale pour les adresses IP qui peuvent être attribuées aux hôtes sur le réseau 192.168.100.248 255.255.255.248?

A. 192.168.100.249 - 192.168.100.255

B. 192.168.100.248 - 192.168.100.254

C. 192.168.100.249 - 192.168.100.254

D. 192.168.100.248 - 192.168.100.255

10) Laquelle des réponses suivantes répertorie l'adresse de diffusion du réseau 192.168.50.155/20?

A. 192.168.31.255

B. 192.168.47.255

C. 192.168.63.255

D. 192.168.79.255

11) Laquelle des réponses suivantes fait référence aux caractéristiques de l'espace d'adressage IPv4 10.0.0.0 - 10.255.255.255?

(Sélectionnez 2 réponses)

A. Gamme de classe A

B. Plage d'adresses IP publiques

C. Gamme de classe B

D. Plage d'adresses IP non routables (privées)

E. Gamme de classe C

12) Quelle est la dernière adresse IP hôte utilisable sur le réseau 192.168.32.9/30?

A. 192.168.32.9

B. 192.168.32.10

C. 192.168.32.11

D. 192.168.32.12

13) Quelle est la représentation binaire du masque de sous-réseau 255.255.128.0?

A. 11111111.11111111.10000000.00000000

B. 11111111.11111111.11000000.00000000

C. 11111111.11111111.11100000.00000000

D. 11111111.11111111.11110000.00000000

14) Dans l'adressage IPv4, l'octet de tête d'une adresse IP avec une valeur de 1 à 126 indique que l'adresse IP dans cette plage appartient à:

A. Espace d'adressage de classe A

B. Espace d'adressage de classe B

C. Espace d'adressage de classe C

D. Espace d'adressage de classe D

15) Quelle est l'adresse réseau de l'hôte 154.24.67.147/22?

A. 154.24.48.0

B. 154.24.60.0

C. 154.24.62.0

D. 154.24.64.0

16) Laquelle des réponses suivantes répertorie la notation CIDR pour le masque de sous-réseau 255.255.224.0?

A. / 19

B. / 20

C. / 21

D. / 22

17) Laquelle des réponses suivantes énumère les caractéristiques de l'espace d'adressage IPv4 172.16.0.0 - 172.31.255.255?

(Sélectionnez 2 réponses)

A. Gamme de classe A

Plage d'adresses IP publiques

C. Gamme de classe B

D. Plage d'adresses IP non routables (privées)

E. Gamme de classe C

18) Quelle est la première adresse d'hôte valide pour un nœud résidant dans le réseau 10.119.136.143/20?

A. 10.119.96.1

B. 10.119.128.1

C. 10.119.132.1

D. 10.119.136.1

19) **Lequel des éléments suivants est un exemple de masque de sous-réseau valide?**

A. 255.255.225.0

B. 255.255.191.0

C. 255.255.127.0

D. 255.255.64.0

E. Rien de ce qui précède n'est un masque de sous-réseau valide

20) **Laquelle des réponses suivantes répertorie la notation CIDR du masque de sous-réseau 255.255.255.224?**

A. / 25

B. / 26

C. / 27

D. / 28

21) Quelle est la représentation binaire du masque de sous-réseau 255.254.0.0?

A. 11111111.11111100.00000000.00000000

B. 11111111.11111110.00000000.00000000

C. 11111111.11111101.00000000.00000000

D. 11111111.11111000.00000000.00000000

22) Laquelle des réponses suivantes énumère les caractéristiques de l'espace d'adressage IP 192.168.0.0 - 192.168.255.255?

(Sélectionnez 2 réponses)

A. Gamme de classe A

Plage d'adresses IP publiques

C. Gamme de classe B

D. Plage d'adresses IP non routables (privées)

E. Gamme de classe C

Réponses:

1) B

2) C

3) B

4) C

5) B

6) A

7) D

8) D

9) C

10) C

11) A, D

12) B

13) A

14) A

15) D

16) A

17) C, D

18) B

19) E

20) C

21) B

22) D, E

Questionnaire sur le réseau sans fil (Wireless)

CompTIA Network + Exam N10-007

1) Une solution qui permet de contrôler l'accès à un support de transmission partagé dans les réseaux 802.11 est connue comme:

A. CWDM

B. CSMA / CD

C. CDMA

D. CSMA / CA

2) Une topologie de réseau sans fil dans laquelle les périphériques clients communiquent directement entre eux sans utiliser de point d'accès (AP) de contrôle est appelée:

A. IEEE 802.3af

B. Topologie en étoile

C. Mode ad hoc

D. IEEE 802.3at

E. Mode infrastructure

3) Une topologie de réseau sans fil composée d'au moins un point d'accès (AP) est appelée:

A. IEEE 802.3at

B. Mode infrastructure

C. IEEE 802.3af

D. Mode ad hoc

E. Mode poste à poste

4) Un type de réseau composé d'ordinateurs et de périphériques qui utilisent des ondes radio haute fréquence pour communiquer entre eux est connu sous le nom de:

A. MAN

B. WLAN

C. LAN

D. VLAN

5) Laquelle des réponses ci-dessous fait référence à un protocole sans fil conçu pour assurer la communication entre les appareils d'un réseau domotique?

A. FCoE

B. SDN

C. Z-Wave

D. SIEM

6) Laquelle des réponses suivantes fait référence à une technologie de connectivité sans fil utilisée pour surveiller les données des capteurs collectées à partir d'équipements de sport et de fitness de faible puissance?

A. CAN

B. WTLS

C. UAV

D. ANT +

7) Une technologie sans fil populaire à courte portée utilisée pour connecter divers appareils personnels dans un WPAN est appelée:

A. 802.11

B. NFC

C. Bluetooth

D. Z-Wave

8) Quel type de technologie permet les transactions de paiement sans contact?

A. NFC

B. SDN

C. PED

D. WAP

9) Laquelle des réponses énumérées ci-dessous se réfère à une technologie de visibilité directe à courte distance utilisée par exemple dans les télécommandes domestiques?

A. NFC

B. 802.3

C. IR

D. Z-Wave

10) Laquelle des technologies sans fil suivantes permet d'identifier et de suivre les étiquettes attachées aux objets?

A. WAF

B. RFID

C. GPS

D. WTLS

11) Quelle norme IEEE fournit la base d'implémentation pour la plupart des WLAN modernes?

A. IEEE 802.11

B. IEEE 802.1x

C. IEEE 802.3

D. IEEE 802.1q

12) Laquelle des réponses ci-dessous fait référence aux caractéristiques de la norme sans fil IEEE 802.11a?

(Sélectionnez 3 réponses)

A. Taux de signalisation de données maximal de 54 Mbps

B. Bande de fréquences de 5,0 GHz

C. Méthode d'accès au réseau à accès multiple / évitement de collision (CSMA / CA)

D. Bande de fréquence 2,4 GHz

E. Taux de signalisation de données maximal de 11 Mbps

F. Méthode d'accès au réseau à détection d'accès multiple / détection de collision (CSMA / CD)

13) Laquelle des réponses suivantes fait référence à la norme sans fil IEEE 802.11b?

(Sélectionnez 3 réponses)

A. Taux de signalisation de données maximal de 54 Mbps

B. Plage de fréquences de 5,0 GHz

C. Méthode d'accès au réseau CSMA / CD (Carrier Sense Multiple Access / Collision Detection)

D. Plage de fréquences de 2,4 GHz

E. Taux de signalisation de données maximal de 11 Mbps

F. Méthode d'accès au réseau à accès multiple / évitement de collision (CSMA / CA)

14) Quelles sont les caractéristiques de la norme sans fil IEEE 802.11g? (Sélectionnez 3 réponses)

A. Méthode d'accès au réseau Carrier Sense Multiple Access / Collision Detection (CSMA / CD)

B. Taux de signalisation de données maximal de 54 Mbps

C. Méthode d'accès au réseau à accès multiple / évitement de collision (CSMA / CA)

D. Plage de fréquences de 2,4 GHz

E. Taux de signalisation de données maximal de 11 Mbps

F. Plage de fréquences de 5,0 GHz

15) Les caractéristiques de la norme sans fil IEEE 802.11n incluent:

(Sélectionnez tout ce qui s'applique)

A. Entrées / Sorties Multiples (MIMO)

B. Taux de signalisation de données maximal de 54 Mbps

C. Bande de fréquence 2,4 GHz

D. Méthode d'accès au réseau à détection d'accès multiple / détection de collision (CSMA / CD)

E. Bande de fréquences 5,0 GHz

F. Entrée multiple / sortie multiple multi-utilisateurs (MU-MIMO)

G. Taux de signalisation de données maximal jusqu'à 600 Mbps

H. Méthode d'accès au réseau CSMA / CA (Carrier Sense Multiple Access / Collision Evitement)

16) Laquelle des réponses suivantes fait référence à la ou aux fonctionnalités de la norme sans fil IEEE 802.11ac?

(Sélectionnez tout ce qui s'y rapporte)

A. Taux de signalisation des données jusqu'à 600 Mbps

B. Bande de fréquences de 5,0 GHz

C. Méthode d'accès au réseau CSMA / CD (Carrier Sense Multiple Access / Collision Detection)

D. Débit de signalisation des données maximal de 6,77 Gbit / s

E. Méthode d'accès au réseau à accès multiple / évitement de collision (CSMA / CA)

F. Entrée multiple / sortie multiple multi-utilisateurs (MU-MIMO)

G. Bande de fréquences 2,4 GHz

17) Laquelle des réponses ci-dessous fait référence à une méthode d'accès aux canaux utilisée dans les réseaux GSM 2G?

A. CSMA / CA

B. TDMA

C. CSMA / CD

D. CDMA

18) Laquelle des réponses suivantes fait référence à une méthode d'accès aux canaux utilisée dans les réseaux cellulaires 3G?

A. CDMA

B. CSMA / CD

C. TDMA

D. CSMA / CA

19) Long Term Evolution (LTE) est une norme de communication sans fil pour les appareils mobiles et les hotspots sans fil. LTE offre des améliorations significatives en termes de vitesse par rapport à l'ancienne génération de réseaux cellulaires 3G. Le LTE et sa version ultérieure LTE-Advanced (LTE-A) sont souvent commercialisés en tant que normes 4G.

    A. Vrai
    B. Faux

20) Les bandes de fréquences utilisées par les réseaux 802.11 comprennent: (Sélectionnez 2 réponses)

A. 5,0 GHz

B. 5,4 GHz

C. 2,0 GHz

D. 2,4 GHz

21) La configuration d'un réseau sans fil pour fonctionner sur un canal sans chevauchement permet à plusieurs réseaux de coexister dans la même zone sans provoquer d'interférences.

A. Vrai

B. Faux

22) La norme IEEE 802.11a spécifie une bande passante de canal de:

A. 20 MHz

B. 22 MHz

C. 40 MHz

D. 80 MHz

23) Laquelle des réponses ci-dessous fait référence à une bande passante de canal utilisée dans les réseaux 802.11b?

A. 20 MHz

B. 22 MHz

C. 40 MHz

D. 80 MHz

24) La norme IEEE 802.11g spécifie une bande passante de canal de:

A. 20 MHz

B. 22 MHz

C. 40 MHz

D. 80 MHz

Réponses :

1) D

2) C

3) B

4) B

5) C

6) D

7) C

8) A

9) C

10) B

11) A

12) A, B, C

13) D, E, F

14) B, C, D

15) A, B, C, E, G, H

16) B, D, E, F

17) B

18) A

19) A

20) A, D

21) A

22) A

23) B

24) A

CompTIA Network + Exam N10-007 Quiz sur les connecteurs et le câblage

1) Laquelle des réponses ci-dessous fait référence au câblage UTP?

(Sélectionnez tout ce qui s'y rapporte)

A. Câblage en cuivre à paire torsadée

B. Utilisé dans les réseaux Ethernet et les systèmes téléphoniques

C. Faible coût et facilité d'installation

D. Profite d'un capot de protection supplémentaire réduisant les interférences de signal provenant de sources extérieures

E. Câblage coaxial

F. Pas entouré de blindage qui fournirait une protection contre les interférences provenant de sources extérieures

G. Câblage à fibre optique

H. Dans les réseaux Ethernet, installés avec un type de connecteur RJ-45

2) La principale différence entre le câblage UTP et STP est que le câble UTP profite d'un capot de protection supplémentaire réduisant les interférences de signal provenant de sources extérieures.

    A. Vrai
    B. Faux

3) Exemples de types de câblage en cuivre utilisés dans les réseaux Ethernet:

(Sélectionnez tout ce qui s'applique)

A. STP

B. Multimode

C. UTP

D. monomode

E. Coax

4) Laquelle des réponses ci-dessous fait référence aux caractéristiques de la fibre optique multimode?

(Sélectionnez 3 réponses)

A. Utilise le laser comme source de lumière

B. Distances de transmission jusqu'à 2 km

C. Plus cher que la fibre optique monomode

D. Distances de transmission jusqu'à 100 km

E. Moins cher que la fibre optique monomode

F. Utilise la LED comme source de lumière

5) Quels sont les traits caractéristiques de la fibre optique monomode?

(Sélectionnez 3 réponses)

A. Distances de transmission jusqu'à 2 km

B. Plus cher que la fibre optique multimode

C. Utilise la LED comme source de lumière

D. Distances de transmission jusqu'à 100 km

E. Utilise le laser comme source de lumière

F. Moins cher que la fibre optique multimode

6) Un type spécial de câblage avec gaine ignifuge placée à l'intérieur de l'espace entre le plancher et le plafond suspendu ou les murs intérieurs est connu sous le nom de câblage à plénum.

    A. Vrai

    B. Faux

7) Le câblage à plénum comporte une gaine ignifuge en chlorure de polyvinyle (PVC).

    A. Vrai
    B. Faux

8) Laquelle des réponses suivantes fait référence à un type de connecteur non utilisé avec un câblage en cuivre?

A. RJ-11 / RJ-45

B. BNC

C. MT-RJ

D. DB-9 / DB-25

E. Type F

9) Quelles sont les caractéristiques du connecteur RJ-45?

(Sélectionnez 2 réponses)

A. Utilisé avec le câblage téléphonique

B. Connecteur de câblage coaxial

C. Utilisé avec le câblage réseau Ethernet

D. Connecteur de câblage en cuivre

E. Connecteur de câblage à fibre optique

10) Laquelle des réponses ci-dessous se réfère au connecteur RJ-11?

(Sélectionnez 2 réponses)

A. Utilisé avec le câblage téléphonique

Connecteur de câblage en cuivre

C. Utilisé avec le câblage réseau Ethernet

D. Connecteur de câblage à fibre optique

E. Connecteur de câblage coaxial

11) Le connecteur à baïonnette Neill – Concelman (BNC) est utilisé avec:

A. Câblage en cuivre à paire torsadée

B. Câblage à fibre optique monomode

C. Câblage coaxial en cuivre

D. Câblage fibre optique multimode

12) Parmi les types de connecteurs suivants, lesquels sont utilisés pour les communications série RS-232?

(Sélectionnez 2 réponses)

A. DE-9

B. RG-59

C. RJ-45

D. DB-25

E. RG-6

F. RJ-11

13) Un type de connecteur coaxial couramment utilisé pour la télévision par câble et les modems câble est appelé:

A. RG-6

B. Type F

C. DB-9

D. MT-RJ

14) Laquelle des réponses énumérées ci-dessous fait référence à des exemples de connecteurs à fibre optique

(sélectionnez toutes les réponses appropriées)

A. LC

B. DB-25

C. ST

D. SC

E. MT-RJ

F. RG-6

15) La forme et l'angle de la pointe d'un connecteur à fibre optique peuvent avoir un impact sur les performances d'une liaison de communication à fibre optique. Les deux types de base de fibre sont le contact physique ultra (UPC) et le contact physique angulaire (APC). Dans le connecteur de type UPC, l'extrémité du connecteur est polie sans angle, tandis que les connecteurs APC disposent d'une extrémité en fibre polie à un angle de 8 degrés. Outre l'étiquetage supplémentaire (UPC ou APC) qui permet d'identifier plus de détails sur un type de connecteur donné, les connecteurs à fibre optique peuvent également avoir différentes couleurs. La règle générale est qu'un connecteur de type UPC serait généralement bleu tandis que le connecteur APC aurait une couleur verte.

A. Vrai
B. Faux

16) Laquelle des réponses suivantes fait référence à un périphérique réseau modulaire conçu pour fournir une liaison transparente entre différents types d'interfaces réseau (par exemple, cuivre et fibre, ou vice versa)?

A. Pont

B. Émetteur-récepteur

C. Hub actif

D. Commutateur géré

17) Quels sont les traits caractéristiques du GBIC? (Sélectionnez tout ce qui s'y rapporte)

A. Transfert de données de 10 Gbps

B. Interface modulaire (remplaçable à chaud)

C. Convertit les signaux optiques en signaux électriques

D. Interface physique fixe

E. Convertit les signaux électriques en signaux optiques

F. Transfert de données de 1 Gbps

18) Laquelle des réponses ci-dessous fait référence à la ou aux fonctionnalités de SFP?

(Sélectionnez tout ce qui s'y rapporte)

A. Émetteur-récepteur à petit facteur de forme

B. Convertit les signaux électriques en signaux optiques

C. Transfert de données de 10 Gbps

D. Nouveau type d'émetteur-récepteur qui remplace GBIC

E. Interface modulaire (remplaçable à chaud)

F. Convertit les signaux optiques en signaux électriques

G. Interface physique fixe

H. Transfert de données de 1 Gbps

19) Laquelle des réponses suivantes fait référence à un émetteur-récepteur à fibre doté de la capacité de transmettre et de recevoir des signaux sur un seul brin de fibre?

A. Simplex

B. bidirectionnel

C. Semi-duplex

D. Unidirectionnel

20) Le bloc 66 (type ancien / principalement utilisé dans les systèmes téléphoniques analogiques) et le bloc 110 (type plus récent / utilisé dans les réseaux informatiques) sont des exemples de blocs de perforation utilisés pour connecter des jeux de fils.

A. Vrai
B. Faux

21) Un dispositif simple composé de plusieurs blocs de connexion et ports utilisés pour la gestion des câbles est connu sous le nom de:

A. Convertisseur de média

B. Demarc

C. Cadre de distribution principal (MDF)

D. Panneau de brassage

22) Quelle est la longueur de segment de câble typique pour un câble Ethernet à paire torsadée en cuivre?

A. 33 mètres

B. 55 mètres

C. 100 mètres

D. 250 mètres

Réponses:

1) A, B, C, F, H

2) B

3) A, C, E

4) B, E, F

5) B, D, E

6) A

7) B

8) C

9) C, D

10) A, B

11) C

12) A, D

13) B

14) A, C, D, E

15) A

16) B

17) B, C, E, F

18) A, B, D, E, F, H

19) B

20) A

21) D

22) C

Questionnaire sur les périphériques réseau CompTIA Network + Exam N10-007

1) Laquelle des réponses suivantes fait référence à un logiciel ou à un matériel qui surveille le trafic réseau et, selon les paramètres de configuration appliqués à chaque paquet de données, le bloque ou le laisse passer?

A. HIDS

B. Pare-feu

C. Filtre de paquets

D. Analyseur de vulnérabilité

2) Un dispositif conçu pour filtrer et transférer des paquets de données entre des types de réseaux informatiques différents est appelé:

A. Hub

B. Équilibreur de charge

C. Routeur

D. Commutateur

3) Laquelle des réponses énumérées ci-dessous fait référence à un dispositif de couche liaison de données (couche 2) conçu pour transmettre des trames entre des segments de réseau?

A. Hub

B. Commutateur

C. Pare-feu

D. Routeur

4) L'inconvénient de l'utilisation de cet appareil résulte du fait que tout signal entrant sur l'un de ses ports est recréé et envoyé sur tous les ports connectés, ce qui a un impact négatif sur les performances du réseau.

A. Routeur

B. Commutateur

C. Pont

D. Hub

5) Laquelle des réponses suivantes décrit les caractéristiques d'un pont réseau?

(Sélectionnez 3 réponses)

A. Prend des décisions de transfert dans le matériel (ASIC)

B. Type de périphérique réseau plus récent et plus efficace par rapport au commutateur réseau

C. Généralement capable de connecter plus de segments de réseau que de commutateur (plus de ports physiques)

D. Prend des décisions de transfert dans le logiciel

E. Généralement capable de connecter moins de segments de réseau que de commutateur (moins de ports physiques)

F. Type de périphérique réseau plus ancien et moins efficace par rapport au commutateur réseau

6) Quels sont les traits caractéristiques d'un commutateur réseau?

(Sélectionnez tout ce qui s'y rapporte)

A. Prend des décisions de transfert dans le matériel (ASIC)

B. Généralement capable de connecter plus de segments de réseau que de pont (plus de ports physiques)

C. Type de périphérique réseau plus ancien et moins efficace par rapport au pont réseau

D. Prend des décisions de transfert dans le logiciel

E. Parfois appelé pont multiport

F. Type de périphérique réseau plus récent et plus efficace par rapport au pont réseau

G. Généralement capable de connecter moins de segments de réseau que de pont (moins de ports physiques)

7) Un type de commutateur réseau de couche 2 avec des fonctionnalités de configuration qui peuvent être modifiées via une interface utilisateur est appelé:

A. Commutateur virtuel

B. Commutateur multicouche

C. Commutateur PoE

D. Commutateur géré

8) Laquelle des réponses énumérées ci-dessous se réfère aux caractéristiques d'un modem?

(Sélectionnez 3 réponses)

A. Convertit les données numériques en signal analogique

B. Permet à un ordinateur d'envoyer et de recevoir des informations via des lignes téléphoniques

C. Transmet les trames entre les segments de réseau

D. Convertit le signal analogique en données numériques

E. Filtre et transfère les paquets de données entre des types de réseaux informatiques différents

9) Laquelle des réponses suivantes donne un exemple d'un dispositif de pontage réseau moderne?

A. WAP

B. Hub actif

C. Point de terminaison VoIP

D. Extension de portée sans fil

10) Une liaison réseau constituée de deux types de supports de transmission différents nécessite un dispositif intermédiaire appelé:

A. Coupleur

B. Panneau de brassage

C. Filtre de contenu

D. Convertisseur de média

11) Un type de périphérique réseau utilisé pour améliorer la puissance du signal sans fil dans les maisons et les petits bureaux est appelé:

A. Point d'accès sans fil

B. Commutateur distribué

C. Extension de portée sans fil

D. Cadre de distribution intermédiaire (IDF)

12) Le terme «point de terminaison VoIP» fait référence à un périphérique matériel dédié ou à un programme d'application qui permet des appels téléphoniques VoIP sur des périphériques informatiques.

A. Vrai
B. Faux

13) Un dispositif de réseau qui, outre la fonction d'un commutateur de réseau ordinaire, peut également fournir des fonctions supplémentaires à des niveaux supérieurs du modèle de référence OSI, est appelé commutateur multicouche.

A. Vrai

B. Faux

14) Quel périphérique réseau permet une gestion centralisée des WAP?

A. Concentrateur VPN

B. Équilibreur de charge

C. Commutateur multicouche

D. Contrôleur LAN sans fil

15) Un périphérique réseau conçu pour gérer la répartition optimale des charges de travail sur plusieurs ressources informatiques est appelé:

A. Filtre de contenu

B. Stockage en réseau (NAS)

C. Équilibreur de charge

Contrôleur de domaine

16) Le terme «système de détection d'intrusion» (IDS) fait référence à un appareil ou une application logicielle conçu pour détecter les activités malveillantes et les violations des politiques de sécurité sur un réseau ou un ordinateur hôte. Un IDS conçu pour surveiller les réseaux est connu sous le nom de système de détection d'intrusion réseau (NIDS). Un type d'IDS installé sur un hôte surveillant uniquement cet hôte est appelé Host Intrusion Detection System (HIDS). Les IDS ne prennent aucune mesure active pour empêcher ou arrêter l'intrusion en se basant uniquement sur une réponse passive, ce qui peut inclure l'envoi d'une alerte à une console de gestion ou la sauvegarde d'informations sur l'événement dans les journaux.

A. Vrai
B. Faux

17) Laquelle des réponses énumérées ci-dessous illustre la différence entre la réponse passive et la réponse active aux violations de sécurité?

A. HIPS contre NIPS

B.UTM vs pare-feu

C. NIPS vs UTM

D. IDS contre IPS

18) Dans les réseaux informatiques, un système informatique ou une application qui sert d'intermédiaire entre un autre ordinateur et Internet est communément appelé:

A. Pont

B. Hub actif

C. Serveur

D. Proxy

19) Laquelle des réponses suivantes fait référence à un appareil dédié conçu pour gérer les connexions chiffrées établies sur un réseau non fiable, tel qu'Internet?

A. Concentrateur VPN

B. Serveur proxy

C. Commutateur distribué

D. Appareil UTM

20) Quelles sont les caractéristiques d'un serveur RADIUS?

(Sélectionnez 3 réponses)

A. Principalement utilisé pour l'accès au réseau

B. Chiffre toute la charge utile du paquet de demande d'accès

C. Combine l'authentification et l'autorisation

D. Chiffre uniquement le mot de passe dans le paquet de demande d'accès

E. Principalement utilisé pour l'administration des appareils

F. Séparez l'authentification et l'autorisation

21) Le terme "Unified Threat Management" (UTM) fait référence à une solution de sécurité réseau, généralement sous la forme d'un appareil dédié (appelé appareil UTM ou passerelle de sécurité Web), qui combine les fonctionnalités d'un pare-feu avec des protections supplémentaires telles que l'URL filtrage, inspection du contenu, filtrage du spam, protection antivirus de la passerelle, fonctionnalité IDS / IPS ou inspection des logiciels malveillants.

A. Vrai
B. Faux

22) Un type de pare-feu avancé capable d'une inspection plus approfondie du trafic réseau qui permet la détection d'attaques spécifiques à l'application est appelé:

(Sélectionnez 2 réponses)

A. Filtre de paquets

B. Pare-feu de couche 4

C. NGFW

D. Pare-feu de deuxième génération

E. Pare-feu de couche 7

23) Le Private Branch Exchange (PBX) est un central téléphonique ou un système de commutation implémenté dans une entreprise ou un bureau. Le PBX permet de gérer les communications internes sans utiliser le service de réseau téléphonique public commuté (RTPC). Un PBX Voice over Internet Protocol (VoIP), qui tire parti des câbles LAN existants, peut réduire davantage les coûts en supprimant la nécessité d'une infrastructure de câblage téléphonique séparée dans un bâtiment ou un bureau.

    A. Vrai
    B. Faux

24) Laquelle des réponses ci-dessous fait référence à une solution de sécurité qui permet de bloquer sélectivement l'accès à certains sites Web?

A. Portail captif

B. Pare-feu

C. Filtre de contenu

D. Serveur proxy

Réponses:

1) B

2) C

3) B

4) D

5) D, E, F

6) A, B, E, F

7) D

8) A, B, D

9) A

10) D

11) C

12) A

13) A

14) D

15) C

16) A

17) D

18) D

19) A

20) A, C, D

21) A

22) C, E

23) A

24) C

CompTIA Network + Exam N10-007 Quiz sur les technologies WAN

1) Laquelle des solutions suivantes permet la transmission numérique simultanée de la voix, de la vidéo, des données et d'autres services réseau sur un RTPC?

A. WiMAX

B. PoE

C. RNIS

D. HSPA +

2) Les lignes T1 prennent en charge des taux de transfert de données allant jusqu'à:

A. 1,544 Mbps

B. 2,048 Mbps

C. 34,368 Mbps

D. 44,736 Mbps

3) Laquelle des réponses ci-dessous se réfère au taux de transfert de données maximal de la connexion E1?

A. 1,544 Mbps

B. 2,048 Mbps

C. 34,368 Mbps

D. 44,736 Mbps

4) Les lignes T3 prennent en charge des taux de transfert de données allant jusqu'à:

A. 1,544 Mbps

B. 2,048 Mbps

C. 34,368 Mbps

D. 44,736 Mbps

5) Laquelle des réponses suivantes fait référence au taux de transfert de données maximal de la connexion E3?

A. 1,544 Mbps

B. 2,048 Mbps

C. 34,368 Mbps

D. 44,736 Mbps

6) Les spécifications de débit de transmission de la porteuse optique (OC) adhèrent à un modèle dans lequel le préfixe OC est suivi d'un nombre désignant un multiple de l'unité de base de 51,84 Mbps.

    A. Vrai
    B. Faux

7) Une ligne OC-3 prend en charge des taux de transmission allant jusqu'à:

A. 1,544 Mbps

B. 44,736 Mbps

C. 51,84 Mbps

D. 155,52 Mbps

8) Laquelle des réponses ci-dessous se réfère au taux de transfert de données maximal de la connexion OC-192?

A. 622,08 Mbps

B. 1244,16 Mbps (1,24 Gbps)

C. 2488,32 Mbps (2,49 Gbps)

D. 9953,28 Mbps (9,95 Gbps)

9) Quel est le type d'accès Internet DSL le plus courant?

A. VDSL

B. ADSL

C. SDSL

D. UDSL

10) Le terme «Ethernet métropolitain» fait référence à un réseau métropolitain basé sur Ethernet (MAN).

    A. Vrai

    B. Faux

11) L'utilisation de modems câble dans une infrastructure de télévision par câble standard pour l'accès à Internet est communément appelée:

A. Accès à distance

B. Haut débit par câble

C. Relais de trame

D. Metro-Ethernet

12) Lequel des types d'accès Internet suivants tire parti des lignes téléphoniques analogiques traditionnelles?

A. WiMAX

B. Ethernet

C. Haut débit mobile

D. Dial-up

13) Laquelle des réponses ci-dessous fait référence à un service RNIS conçu pour les grandes organisations qui tirent parti des systèmes PBX numériques?

A. BRI

B. N-RNIS

C. PRI

D. RNIS-LB

14) Quelles sont les caractéristiques des connexions Internet par satellite?

(Sélectionnez 3 réponses)

A. Latence du signal élevée

B. Absence d'interférence de signal

C. Moins cher par rapport aux liaisons terrestres

D. Interférence (en fonction des conditions météorologiques)

E. Faible latence du signal

F. Coût relativement élevé par rapport aux liaisons terrestres

15) Laquelle des réponses suivantes fait référence aux caractéristiques des réseaux à base de cuivre?

(Sélectionnez 3 réponses)

A. Plus cher que la fibre optique

B. Utilisé pour les câbles du dernier kilomètre

C. Bande passante plus élevée et longueur de segment de câble maximale par rapport aux liaisons à fibre optique

D. Utilisé pour le câblage de réseau fédérateur

E. Moins cher que la fibre optique

F. Bande passante limitée et longueur maximale de segment de câble par rapport aux liaisons à fibre optique

16) Quelles sont les caractéristiques du câblage à fibre optique?

(Sélectionnez tout ce qui s'y rapporte)

A. Atténuation élevée du signal

B. Utilisé pour le câblage de réseau fédérateur

C. Immunité aux interférences électromagnétiques

D. Moins adapté pour transporter des informations numériques que le câblage en cuivre

E. Bande passante limitée et longueur de segment de câble maximale par rapport au câblage en cuivre

F. Utilisé pour les parcours de câbles du dernier kilomètre

G. Fournit un niveau de sécurité plus élevé que le câblage en cuivre (difficile à exploiter)

H. Plus approprié pour transporter des informations numériques que le câblage en cuivre

17) Quelle technologie WAN tire parti des tours cellulaires qui fournissent une couverture de signal sans fil pour les appareils mobiles?

A. WAP

B. WWAN

C. Satellite

D. WLAN

18) Laquelle des réponses énumérées ci-dessous fait référence à MPLS?

(Sélectionnez tout ce qui s'y rapporte)

A. Méthode de commutation de circuits

B. Utilisé pour connecter des périphériques sur un LAN

C. Permet la livraison de divers types de paquets de données sur la même liaison réseau

D. Méthode de commutation par paquets

E. Utilisé pour connecter des périphériques sur un WAN

F. Conçu pour simplifier et améliorer les performances du processus de routage

19) Quelles sont les caractéristiques de l'ATM?

(Sélectionnez tout ce qui s'y rapporte)

A. Une technologie de réseau utilisée pour connecter des appareils sur un WAN

B. Taux de transfert de données jusqu'à 45 Mbps

C. Utilisé dans les réseaux SONET

D. Unité de transfert de données de 53 octets (alias cellule ATM)

E. Une technologie de réseau utilisée pour connecter des appareils sur un LAN

F. Taux de transfert de données jusqu'à 10 Gbps

20) Laquelle des réponses suivantes fait référence au relais de trame?

(Sélectionnez 3 réponses)

A. Une technologie de réseau utilisée pour connecter des appareils sur un LAN

B. Taux de transfert de données jusqu'à 10 Gbps

C. Méthode de commutation par paquets

D. Taux de transfert de données jusqu'à 45 Mbps

E. Une technologie de réseau utilisée pour connecter des appareils sur un WAN

F. Méthode de commutation de circuits

21) Laquelle des réponses ci-dessous fait référence au PPP?

(Sélectionnez tout ce qui s'y rapporte)

A. Protocole réseau utilisé pour connecter des périphériques sur un WAN

B. Protocole de couche transport (couche 4)

C. Permet l'encapsulation du trafic IP

D. Utilisé pour établir une connexion directe entre deux appareils en réseau

E. Couche d'application (protocole de couche 7)

22) Quel protocole réseau permet l'encapsulation de trames PPP dans des trames 802.3?

A. FCoE

B. PPPoE

C. PAE

D. IPsec

23) Quel type de VPN permet des liaisons de communication directes entre des hôtes distants sur un WAN?

A. VPN de site à site

B. DMVPN

C. VPN d'accès à distance

D. VPN client-à-site

24) Lequel des éléments suivants permet les appels VoIP entre les PBX?

A. VTP

B. RTPC

C. Tronc SIP (manqué)

D. PPPoE

25) Un point physique où le réseau d'un FAI se termine et se connecte au câblage local du client (qui définit également où la responsabilité du FAI pour la maintenance prend fin et où commence la responsabilité du consommateur) est appelé point de démarcation, ou démarque.

A. Vrai
B. Faux

Réponses:

1) C

2) A

3) B

4) D

5) C

6) A

7) D

8) D

9) B

10) A

11) B

12) C

13) A, D, F

14) B, E, F

15) B, E, F

16) B, C, G, H

17) B

18) C, D, E, F

19) A, C, D, F

20) C, D, E

21) A, C, D

22) B

23) B

24) C

25) A

Questionnaire sur les attaques de réseautage

CompTIA Network + Exam N10-007

1) Une tentative d'inondation de la bande passante ou des ressources d'un système ciblé afin qu'il soit submergé de fausses demandes et, par conséquent, n'a pas le temps ou les ressources pour traiter les demandes légitimes, est connue sous le nom de:

A. Usurpation d'identité

B. Attaque MITM

C. Phishing

D. Attaque DoS

2) Laquelle des réponses ci-dessous fait référence à un moyen pour exécuter une attaque DOS réfléchissante?

A. Phishing

B. Bombe logique

C. Usurpation d'adresse IP

D. Homme au milieu

3) Lequel des types d'attaque suivants dépend de l'effet d'amplification?

A. Attaque du jour zéro

B. Attaque DDoS

C. Attaque par force brute

D. Attaque MITM

4) Contrairement aux simples attaques par déni de service (DoS) qui sont généralement effectuées à partir d'un seul système, une attaque par déni de service distribué (DDoS) utilise plusieurs systèmes informatiques compromis pour effectuer l'attaque contre sa cible. Les systèmes intermédiaires utilisés comme plate-forme pour l'attaque sont les victimes secondaires de l'attaque DDoS; ils sont souvent appelés zombies et collectivement un botnet.

A. Vrai
B. Faux

5) Une pratique non autorisée consistant à obtenir des informations confidentielles en manipulant des personnes pour divulguer des données sensibles est appelée:

A. Surf sur les épaules

B. Escalade de privilèges

C. Ingénierie sociale

D. Test de pénétration

6) Quel terme décrit le mieux les employés mécontents qui abusent de l'accès légitime aux ressources internes de l'entreprise?

A. Script kiddies

B. Menace d'initié

C. Hacktivistes

D. Criminalité organisée

7) Un code malveillant activé par un événement spécifique est appelé:

A. Porte dérobée

B. Bombe logique

C. Rootkit

Cheval de Troie

8) Le terme «jumeau maléfique» fait référence à un point d'accès sans fil (WAP) non autorisé configuré pour écouter ou voler des données utilisateur sensibles. Evil twin remplace le point d'accès légitime et en annonçant sa propre présence avec le même identificateur de jeu de services (SSID, a.k.a. network name) apparaît comme un point d'accès légitime aux hôtes qui se connectent.

    A. Vrai

    B. Faux

9) Un placement optimal de l'antenne du point d'accès sans fil (WAP) fournit une contre-mesure contre:

A. Craie de guerre

B. Usurpation d'identité

C. Conduite de guerre

D. Menace d'initié

10) Une technique d'ingénierie sociale par laquelle les attaquants déguisés en une demande légitime tentent d'accéder à des informations confidentielles auxquelles ils ne devraient pas avoir accès pour être communément appelés:

A. Phishing

B. Escalade de privilèges

C. Accès par porte dérobée

D. Surf sur les épaules

11) Un e-mail frauduleux demandant à son destinataire de révéler des informations sensibles (par exemple, nom d'utilisateur et mot de passe) utilisé ultérieurement par un attaquant à des fins de vol d'identité est un exemple de: (Sélectionnez 2 réponses)

A. Phishing

B. Attaque de trou d'eau

C. Ingénierie sociale

D. Bluejacking

E. Vishing

12) Un logiciel malveillant qui restreint l'accès à un système informatique en chiffrant des fichiers ou en verrouillant l'ensemble du système jusqu'à ce que l'utilisateur effectue l'action demandée est appelé:

A. Grayware

B. Adware

C. Ransomware

D. Spyware

13) Le remappage d'un nom de domaine en une adresse IP non autorisée est un exemple de quel type d'exploit?

A. Empoisonnement DNS

B. Détournement de domaine

C. Empoisonnement ARP

D. Détournement d'URL

14) **Un attaquant a réussi à associer son adresse MAC à l'adresse IP de la passerelle par défaut. En conséquence, un hôte ciblé envoie du trafic réseau à l'adresse IP de l'attaquant au lieu de l'adresse IP de la passerelle par défaut. Sur la base des informations fournies, quel type d'attaque a lieu dans ce scénario?**

A. Empoisonnement ARP

B. Rejouer l'attaque

C. Falsification de requête intersite

D. Empoisonnement DNS

15) **Un e-mail envoyé d'une source inconnue déguisé en la source connue du destinataire du message est un exemple de: (Sélectionnez 2 réponses)**

A. Usurpation d'identité

B. Attaque par dictionnaire

C. Cheval de Troie

D. Forçage brutal

E. Ingénierie sociale

F. Tailgating

16) Laquelle des réponses ci-dessous fait référence à un protocole réseau utilisé dans les types d'attaques d'usurpation d'identité les plus courants?

A. SMTP

B. RDP

C. SNMP

D. Telnet

17) Une attaque de dissociation sans fil est un type de:

A. Attaque de déclassement

B. Attaque par force brute

C. Attaque par déni de service (DoS)

D. Attaque cryptographique

18) Une attaque contre des données chiffrées qui repose fortement sur la puissance de calcul pour vérifier toutes les clés et mots de passe possibles jusqu'à ce que le bon soit trouvé est appelée:

A. Rejouer l'attaque

B. Attaque par force brute

C. Attaque par dictionnaire

D. Attaque d'anniversaire

19) L'usurpation de commutateur et le double marquage sont des méthodes d'attaque utilisées dans:

A. Attaques DDoS

B. Attaques de déclassement

C. Attaques par sauts de VLAN

D. Attaques de dissociation sans fil

20) Lequel des énoncés suivants est un exemple d'écoute active?

A. Usurpation d'identité

B. Attaque Zero Day

C. Spear phishing

D. MITM

21) Un type d'attaque qui repose sur l'interception et la modification de données envoyées entre deux hôtes en réseau est appelé:

A. Attaque du jour zéro

B. Attaque MITM

C. Attaque de trou d'eau

D. Rejouer l'attaque

22) Dans le domaine de la sécurité informatique, le terme «exploiter» fait référence à toute méthode permettant à des utilisateurs malveillants de profiter d'une vulnérabilité trouvée dans les systèmes informatiques.

A. Vrai
B. Faux

Réponses :

1) D

2) C

3) B

4) A

5) C

6) B

7) B

8) A

9) C

10) A

11) A, C

12) C

13) A

14) A

15) A, E

16) A

17) C

18) B

19) C

20) D

21) B

22) A

Quiz sur les utilitaires de ligne de commande

CompTIA Network + Exam N10-007

1) Un utilitaire de ligne de commande utilisé pour vérifier l'accessibilité d'un hôte réseau distant est appelé:

A. ping

B. tracert

C. creuser

D. netstat

2) Un utilitaire de ligne de commande réseau dans MS Windows qui suit et affiche l'itinéraire emprunté par les paquets IPv4 sur leur chemin vers un autre hôte est appelé:

A. ping

B. traceroute

C. nslookup

D. tracert

3) Un utilitaire de ligne de commande Linux pour afficher les points intermédiaires (routeurs) par lesquels le paquet IPv4 est transmis sur son chemin vers un autre nœud du réseau est appelé:

A. nbtstat

B. traceroute

C. netstat

D. tracert

4) Lequel des outils logiciels répertoriés ci-dessous permet d'obtenir un mappage de nom de domaine vers une adresse IP?

A. netstat

B. nslookup

C. tracert

D. pathping

5) Lequel des utilitaires de ligne de commande d'administration réseau suivants peut être utilisé pour les requêtes DNS?

A. tracert

B. nslookup

C. ping

D. pathping

6) Quel est le nom d'un utilitaire de ligne de commande Windows qui peut être utilisé pour afficher les paramètres de configuration TCP / IP?

A. ifconfig

B. nslookup

C. ipconfig

D. netstat

7) Laquelle des réponses répertoriées ci-dessous fait référence à un paramètre de commande ipconfig utilisé pour afficher les informations de configuration TCP / IP complètes pour tous les adaptateurs?

A. -a

B. /?

C. /all

D. / -a

8) Quel paramètre ipconfig permet de visualiser l'adresse physique d'une carte d'interface réseau (NIC)?

A. -S srcaddr

B. /all

C. -i adresse

D. eth_addr

9) Lesquelles des commandes de ligne de commande suivantes dans MS Windows sont utilisées pour réinitialiser les paramètres de configuration DHCP pour tous les adaptateurs?

(Sélectionnez 2 réponses)

A. ifconfig eth0 down

B. Ipconfig / release

C. ifconfig eth0 up

D. ipconfig / renouvellement

10) Quel est le nom d'un utilitaire de ligne de commande Linux qui peut être utilisé pour afficher les paramètres de configuration TCP / IP?

A. ifconfig

B. Netstat

C. nslookup

D. ipconfig

11) Laquelle des réponses ci-dessous se réfère à iptables?

(Sélectionnez 2 réponses)

A. Utilitaire de capture de paquets

B. Outil de ligne de commande MS Windows

C. Utilitaire de suivi des paquets

D. Outil de ligne de commande Linux

E. Utilitaire de filtrage de paquets

12) Un utilitaire de ligne de commande dans MS Windows utilisé pour afficher les statistiques de protocole et les connexions réseau TCP / IP actuelles est connu comme:

A. tracert

B. traceroute

C. netstat

D. nslookup

13) Laquelle des réponses suivantes fait référence à un utilitaire de capture de paquets en ligne de commande?

A. netcat

B. Zenmap

C. tcpdump

D. Nmap

14) Quel paramètre netstat permet d'afficher toutes les connexions TCP actives et les ports TCP / UDP sur lesquels l'ordinateur écoute?

A. -a

B. -p

C. -e

D. -r

15) Lequel des paramètres de l'utilitaire netstat répertoriés ci-dessous permet d'afficher le contenu d'une table de routage IP?

A. -a

B. -p

C. -e

D. -r

16) Quel paramètre netstat permet d'afficher les noms des applications et des composants de fichiers exécutables qui accèdent au réseau?

A. -a

B. -n

C. -b

D. -p

17) Quel utilitaire de ligne de commande réseau dans MS Windows combine les fonctionnalités de ping et de tracert?

A. nbtstat

B. Pathping

C. nslookup

D. netstat

18) Lequel des outils de ligne de commande suivants est utilisé pour découvrir des hôtes et des services sur un réseau?

A. Nmap

B. netcat

C. Zenmap

D. tcpdump

19) Quelle commande de ligne de commande dans MS Windows est utilisée pour afficher le contenu d'une table de routage?

A. netstat -a

B. Impression de l'itinéraire

C. ipconfig / all

D. itinéraire d'impression

20) La commande arp peut être utilisée pour effectuer quel type de résolution?

A. IP vers FQDN

B. MAC à IP

C. IP vers MAC

D. FQDN vers IP

21) Quelle commande dans MS Windows affiche un tableau composé des adresses IP et de leurs adresses physiques résolues?

A. arp -e

B. Netstat -n

C. nslookup

D. arp -a

22) Les informations de domaine groper (dig) et nslookup sont des outils de ligne de commande utilisés pour les requêtes DNS. Les deux utilitaires sont disponibles sur Windows et Linux. Des deux, nslookup est l'outil préféré sur les systèmes de type UNIX; dig est l'outil de

requête DNS par défaut pour MS Windows.

A. Vrai
B. Faux

Réponses :

1) A

2) D

3) B

4) B

5) B

6) C

7) C

8) B

9) B, D

10) A

11) D, E

12) C

13) C

14) A

15) D

16) C

17) B

18) A

19) B

20) C

21) D

22) B